COLLECTION

DE

VUES PITTORESQUES

DE L'ITALIE

DESSINÉES D'APRÈS NATURE

ET

GRAVÉES À L'EAU FORTE À ROME

PAR

TROIS PEINTRES ALLEMANDS

A. C. DIES

CHARLES REINHART

JAQUES MECHAU.

CONTENANT LXXII PLANCHES.

PUBLIÉE À NUREMBERG

CHEZ JEAN FRÉDERIC FRAUENHOLZ.

MDCCIC.

DEDIÉE

À

SA MAJESTÉ

IMPERIALE ROYALE ET APOSTOLIQUE

FRANÇOIS II.

PAR

JEAN FRÉDERIC FRAUENHOLZ.

TABLE
DES
FEUILLES CONTENUES DANS CET OUVRAGE.

		Noms des Artistes.	
1.	Nel Colosseo	Reinhart.	Partie de l'intérieur du Collisée de Rome au amphitéatre de Vespasien, où 100 mille spectateurs assistcient aux combats des gladiateurs.
2.	Nel Colosseo	du même.	Autre partie intérieure du Collisée.
3.	Avanzi dell' acqua Marzia, Claudia e dell Aniene vecchio fuori di porta San Giovanni	Mechau.	Restes de l'aqueduc de Martius et de Claude, ainsi que de l'ancien Anieno hors la porte St. Jean.
4.	Alla porta di San Giovanni	du même.	À la porte de St. Jean.
5.	Porta di San Paolo	du même.	Porte de St. Paul et Pyramide de Cestius.
6.	Sito di ricreazione dei Pittori Fiaminghi, del Secolo passato a Monte Testaccio	du même.	Lieu de récréation des peintres Flamans, du siècle dernier au mont Testaccio près de Rome.
7.	Terme di Caracalla	Dies.	Restes des thermes ou bains de Caracalla.
8.	Vicino al Circo di Caracalla	Reinhart.	Vue, près du Cirque de Caracalla.
9.	Arco di Druso, ora porta di San Sebastiano	Mechau.	Arc de triomphe de Drusus, maintenant la porte de St. Sebastien.
10.	Arco di Druso	du même.	Autre vue de l'arc de Drusus.
11.	In villa Borghese	Reinhart.	Une vue intérieure de la ville ou jardin du prince Borghese à la porte du peuple, à Rome.
12.	Lago in villa Borghese	Dies.	Etang de la villa ou jardin Borghese.
13.	Muro torto preso in villa Borghese	du même.	Vue du mur appellé torto (tortueux) prise de la ville ou jardin Borghese.
14.	Ponte Molle	Mechau.	Le pont Molle, célèbre par la bataille de Constantin contre Maxence, où celui-ci fut vaincu et tomba du pont dans le Tibre, où il périt.
15.	Fontana Egeria	du même.	La fontaine Egerie, célèbre, par les entretiens de Numa Pompilius.
16.	Il ponte Salaro	du même.	Le pont Salaro, près de Rome ainsi appellé du sel que les Romains conduisoient dans le païs des Sabins.

	Noms des Artistes.	
17. Castella Gandolfo	*Mechau.*	Le chateau Gandolfo appartenant au Pape.
18. Castella Gandolfo (seconda veduta)	*Reinhart.*	Seconde vue du chateau Gandolfo.
19. Avanzo del Teatro a Albano	*du même.*	Restes du Théatre antique d'Albano, près de Rome.
20. Sepolcro volgarmente detto degli Orazii e Curiazii a Albano	*du même.*	Tombeau, vulgairement appellé des Horaces et des Curiaces, à Albano.
21. Romitorio a Albano	*Mechau.*	Erémitage à Albano.
22. Avanzi della biblioteca in villa Adriani	*Reinhart.*	Restes de la bibliothéque dans la villa Adriani, ou maison de campagne de l'empereur Adrien.
23. Templo die Giove Olimpico, in villa Adriana	*Dies.*	Temple de Jupiter Olympien, à la maison de campagne d'Adrien.
24. Terme publiche in villa Adriana	*du même.*	Bains publics, dans la maison de campagne d'Adrien.
25. Aricia	*Reinhart.*	Vue d'Aricia et des environs.
26. Pallazzola	*du même.*	Pallazzola.
27. Porta di Falerium ora Fallari città Etrusca distrutta	*Mechau.*	Porte de Falerium aujourd'hui Fallari ou Falère, ville Etrusque détruite.
28. Sepolcro a Falerio	*Reinhart.*	Tombeau à Falère.
29. Francesco fuori di Subiaco	*Mechau.*	Couvent de St. François près de Subiaco.
30. Ospitaletto di San Francesco, fuori di Subiaco	*du même.*	Petit hospice de St. François hors de Subiaco.
31. Vicino a Subiaco	*du même.*	Premiere vue près de Subiaco.
32. Vicino a Subiaco	*Reinhart.*	Seconde vue près de Subiaco.
33. Subiaco	*du même.*	Troisieme vue près de Subiaco.
34. Subiaco	*du même.*	Quatrieme vue près de Subiaco.
35. Subiaco	*du même.*	Cinquieme vue près de Subiaco.
36. A cività Castellana	*Mechau.*	Vue près de cività Castellana.
37. A cività Castellana, seconda veduta	*Reinhart.*	Seconde vue près de cività Castellana.
38. A cività Castellana, terzia veduta	*du même.*	Troisieme vue près de cività Castellana.
39. A cività Castellana, quarta veduta	*du même.*	Quatrieme vue près de cività Castellana.
40. Ponte Celio a cività Castellana	*Mechau.*	Le pont Celio à cività Castellana.
41. Ponte antico a cività Castellana, vulgarmente detto ponte Terano.	*du même.*	Pont antique à cività Castellana, vulgairement appellé: Pont Terano.

		Noms des Artistes.	
42.	Entrata nel Bosco di Marino	Mechau.	Entrée dans le bois, près de la ville de Marino.
43.	Nemi	Dies.	Vue de Nemi.
44.	Lago di Nemi	du même.	Le lac de Nemi.
45.	Tivoli	du même.	Vue de Tivoli, autre fois Tibur à 18 milles de Rome.
46.	A Tivoli	Reinhart.	Vue très pittoresque près Tivoli.
47.	Tempj della Sibilla e di Vesta a Tivoli	Dies.	Temples de Sibille et de Vesta, à Tivoli.
48.	Tempio di Vesta a Tivoli, dirimpetto alla cascata	du même.	Autre vue du temple de Vesta vis-à-vis de la cascade.
49.	Cascatella di Tivoli	du même.	La grande cascatelle de Tivoli.
50.	Cascatella di Tivoli, seconda veduta	du même.	La même cascatelle d'un autre point de vue.
51.	Cascatella superiore a Tivoli	du même.	La cascatelle supérieure à Tivoli.
52.	Ponte Lupo a Tivoli	du même.	Le ponte Lupo ou pont aux loups à Tivoli.
53.	Sotto a Ponte Lupo a Tivoli	Mechau.	Vue, prise au desfous du pont aux loups près Tivoli.
54.	Arco de Toretta o sia parte dell' acqua Claudia, agli arci vicini a Tivoli.	du même.	Arc de la tourette ou petite tour, ou partie de l'aqueduc Claudien près Tivoli.
55.	Sepolcro di Plauzio vicino a Tivoli.	Dies.	Tombeau de Plautius dans le voisinage de Tivoli.
56.	Cascata e ponte di San Rocco a Tivoli.	du même.	Cascade et pont de St. Roc, à Tivoli.
57.	Ponte acquoria a Tivoli.	Reinhart.	Le pont, nommé acquoria, (aqua aurea) à Tivoli.
58.	Rovine della villa di Ventidio basso a Tivoli.	du même.	Ruines de la maison de campagne de Ventidio basso, près Tivoli.
59.	Tempio della Tosse a Tivoli.	du même.	Temple de la toux, près Tivoli.
60.	A pié del monte Catillo, detto monte della Croce a Tivoli.	Dies.	Vue au bas du mont Catillo ou de la croix, près Tivoli.
61.	Ruderi essistenti a Tivoli del piano inferiore della villa di Cassio.	du même.	Ruines à Tivoli de la terrasse inférieure de la maison de campagne de Cassius à Tivoli.
62.	Rovine de piano superiore della villa di Cassio.	du même.	Ruines de la partie supérieure de la maison de campagne de Cassius.
63.	Fontana Blandusia, volgarmente detta Acquoria a Tivoli.	Mechau.	Fontaine Blandusia, vulgairement appellée acquoria (l'eau d'or) à Tivoli.
64.	Avanzi della villa di M. Bruto a Tivoli.	Dies.	Restes de la maison de campagne de M. Brutus, à Tivoli.
65.	Sepolcro de L. Cellio a Tivoli.	du même.	Tombeau de L. Cellio à Tivoli.

		Noms des Artistes.	
66.	Villa Mecenate.	Dies.	La maifon de campagne du Mécène.
67.	Porta fcura o fia entrata nella villa Mecenate.	du même.	La porte obfcure ou entrée dans la maifon du campagne de Mécène.
68.	In villa Mecenate.	du même.	Vue interieure de la maifon de campagne de Mécène.
69.	In villa Mecenate, feconda veduta.	Reinhart.	Seconde vue intérieure de la maifon de campagne.
70.	In villa Mecenate, terzia veduta.	du même.	Troifime vue intérieure de la même maifon de campagne.
71.	Caduta del Velino a Papigno, vicino a Terni.	Mechau.	Chùte de Velino à Papigno, près Terni.
72.	Papigno, vicino a Terni.	du même.	Vue de Papigno, près de Terni.

Avanzi della Biblioteca in Villa Adriana

Vicin al Circo di Caracalla.

Sepolcro a Falerium città Etrusca distrutta.

Cascatella Superiore a Tivoli.

La Fontana Egeria

Ponte Molle

Ponte lupo a Tivoli

Cascatella di Tivoli

Castella Gandolfo.

Ponte lupo a Tivoli

Cascatella di Tivoli

Castella Gandolfo.

Pallazolo

Vallazzula

Entrata nel bosco di Marino

Castella Gandolfo

Cascatella di Tivoli

Lac de Nemi

A Subiaco.

A Subiaco.

Ponte Salaro.

Avanzi dell' aqua Marzia, Claudia e dell' Aniene vecchio fuori di Porta S. Giovanni

Muro torto, preso in Villa Borghese.

Lago in Villa Borghese

Rovine della Villa di antichi Bagni a Tivoli

Nemi

Tempy della Sivilla, e di Vesta à Tivoli.

Hospitalette de St. François
près de Salerne

Tempio della Sibilla a Tivoli

A piè del monte Cattillo, dalla

Sotto a Ponte Lupo a Tivoli

Arco della Sorella, o sia parte dell'acqua Claudia, agli archi vicino a Tivoli.

A Civita Castellana

In villa Mecenate a Tivoli

Veduta esistente fondi del fiume inferiore della villa di Cicerone

Fontana Blanduzia volgarmente detta Aqua auzea

Veüe d'une Source hydraulique d'une Ville de Colles à Casale

Civita Castellana

Civita Castellana

Arco di Druso, ora Porta di St Sebastiano.

Arco di Druso.

Avanzi della Villa di M. Bruto a Tivoli

Terme publiche in Villa Adriana

A Subiaco

Papigno vicino a Terni.

S. Francesco fuori di Subiaco

Porta hurca, o sia Entrata nella Villa di Mecenate.

In Villa e Mecenate

Sepolcro volgarmente detto dei Curzii e Curiazii in Albano

Veduta di Giovanni

Porta di S. Paolo

Sepolcro di Plauzio vicino a Tivoli.

Cascata e Ponte di S. Rocco a Tivoli

Ponte antico a Civita Castellana
volgarmente detto ponte Terano

Veduta di Albanum ora Albano alla destra chiesa

Temple de Jupiter Olimpien a Villa Adriana

Sepulcri di S. Cellia a Sardi

www.ingramcontent.com/pod-product-compliance
Lightning Source LLC
LaVergne TN
LVHW020947090426
835512LV00009B/1758